AF125016

1000 Jahre Frieden – Ein Lob auf die Globalisierung

Der Autor: Torsten Hauschild ist vielseitig interessiert und gibt sein Wissen gerne an andere weiter. Neben IT und Wirtschaft beschäftigt er sich mit einer Vielzahl an Themen.

1000 Jahre Frieden –
Ein Lob auf die Globalisierung

Autor: Torsten Hauschild

Verlag: Books on Demand GmbH

© 2007 Herstellung und Verlag: Books

on Demand GmbH, Norderstedt

4., überarbeitete Auflage:

© 2014 Herstellung und Verlag:

BoD - Books on Demand, Norderstedt

ISBN 978-3-7357-8539-8

Inhaltsverzeichnis

1. Einführung

2. Die Win-Win-Situation der Globalisierung: Wohlstand für alle

3. Wohlstand gewährleistet Frieden

4. Wohlstand entzieht Terrorismus den Nährboden

5. Globalisierung sichert die Demokratie

6. Expansion der EU außerhalb Europas

7. Die EU wird zur WU (World Union)

8. Der Euro wird zum WUC

9. Weltweiter Arbeitsmarkt

10. Globaler Umwelt- und Klimaschutz

11. Der Transrapid als globales Verkehrsmittel

12. Herausforderungen für die Europäische Einigung durch die Finanzkrise

13. Fazit: 1000 Jahre Frieden als Folge der Globalisierung

1. Einführung

Globalisierung ist ein Thema an dem sich die Gemüter scheiden. Globalisierungsgegner sehen vorwiegend die negativen Folgen der Globalisierung, wie zum Beispiel Amerikanisierung.

Sicherlich ist die Amerikanisierung in Form der weltweiten Übernahme des American Way of Life kritisch zu sehen. Dies ist vor allem eine Folge der amerikanischen Hollywood-Filme, die überall in der Welt gesehen werden (mit Ausnahme von Nordkorea). Große Teile der Bevölkerung der Welt übernehmen den in diesen Filmen dargestellten Lebensstil (von den Red Hot Chili Peppers als „Californication" besungen). Negative Folge der Übernahme des US-amerikanischen Lebensstils ist z.B. die Zunahme des Fast Food, Tabak- und Alkohol-Konsums in Schwellen- und Entwicklungsländern. Kritisch zu sehen sind auch der Verfall traditioneller Strukturen und die abnehmende Bedeutung der Familie im Zuge dieser Entwicklung in diesen Ländern.

Globalisierung bringt aber auch eine Vielzahl von Vorteilen mit sich, von denen alle am Globalisierungsprozess beteiligten Länder und Menschen profitieren können. Globalisierung ist ein Segen für die Menschheit. Diese These und einige Konsequenzen der Globalisierung sollen auf den folgenden Seiten erklärt werden.

2. Die Win-Win-Situation der Globalisierung: Wohlstand für alle

Weit verbreitet ist in Deutschland die Angst, der eigene Arbeitsplatz könnte ins Ausland abwandern. Was passiert aber, wenn ein Unternehmen aus einem Industriestaat eine Niederlassung in einem Schwellen- oder Entwicklungsland (wie z.B. in China, Indien oder der Ukraine) gründet?

In dem Schwellenland steigt die Nachfrage nach Arbeitskräften. Mittelfristig steigen dadurch die Löhne. Ebenso steigen für die

11

Arbeitnehmer die Anreize sich fortzubilden, was zu einem höheren Bildungsniveau führt. Mit der Zeit gleichen sich das Lohnniveau und das Bildungsniveau zwischen den Industriestaaten und den ehemaligen Schwellenländern an. Durch das steigende Lohnniveau und eine steigende Kaufkraft steigt in Asien, Lateinamerika und in Teilen Afrikas die Nachfrage nach Waren und Dienstleistungen aus den Industriestaaten (wie z.B. aus der EU, den U.S.A. und Japan). Dadurch entstehen in den alteingesessenen Industriestaaten neue Arbeitsplätze und mittelfristig steigen auch hier die Löhne.

Durch Arbeitsteilung entstehen durch im Ausland gegründete Niederlassungen auch im Herkunftsland neue Arbeitsplätze. Wenn ein deutsches Unternehmen beispielsweise Arbeitsplätze in der Fertigung in China schafft, entstehen in Deutschland neue Arbeitsplätze in Verwaltung, Marketing, Verkauf, Forschung und Entwicklung.

Durch den kalkulatorischen Ausgleich der geringen Kosten in China und den hohen Kosten in Deutschland lassen sich Mischkosten erzielen (Ausgleichskalkulation). Diese führen zu einem geringeren Produktpreis, als es bei einem nur in

Deutschland hergestellten Produkt der Fall wäre. Demzufolge ist dieses im Rahmen der Globalisierung erstellte Produkt wettbewerbsfähiger, als ein nur in Deutschland produziertes Produkt. Dieses sichert Arbeitsplätze in Deutschland und schafft neue Arbeitsplätze in China. Außerdem führt es in beiden Ländern zu Wirtschaftswachstum und höheren Steuereinnahmen für die beteiligten Staaten.

Diese ganzen Effekte zusammen genommen führen zu einer Win-Win-Situation zwischen den Industriestaaten sowie den Schwellen- und Entwicklungsländern.

Es profitieren wirtschaftlich gesehen alle beteiligten Länder. Langfristig gesehen bedeutet Globalisierung Wohlstand für alle.

3. Wohlstand gewährleistet Frieden

Neben Demokratie ist Wohlstand eine bedeutende Basis für dauerhaften Frieden. Wohlstand bedeutet Abwesenheit von materieller Knappheit. In der Vergangenheit hat häufig materielle Knappheit zu Kriegen geführt - Kriege um Nahrung, Wasser und Rohstoffe. Auch in Zukunft bedrohen Kriege um Wasser, Öl und andere knappe Rohstoffe die Menschheit. Durch steigenden weltweiten Wohlstand nimmt aber die Kriegsgefahr um Lebensmittel ab, da sich immer größere Teile der Weltbevölkerung die notwendigen Nahrungsmittel leisten können.

Wie gut Wohlstand Kriege verhindern kann, lässt sich am Beispiel Europas besonders gut beobachten. Bis zum zweiten Weltkrieg wurde Europa regelmäßig von Kriegen heimgesucht. Nach dem zweiten Weltkrieg trug der steigende Wohlstand neben zunehmender Demokratisierung und den römischen Verträgen (Gründung der EWG [später EG und EU]) zu einer Periode von 65 Jahren Frieden bei (abgesehen von Kriegen in den Nachfolgestaaten Jugoslawiens in den 90er Jahren).

17

In einer Wohlstandsgesellschaft haben die Menschen anderes im Sinn als nationale Interessen durch Kriege auszutragen oder Konflikte zwischen Interessengruppen im Rahmen eines Bürgerkrieges zu bestreiten.

Deswegen ist globaler Wohlstand die Basis für dauerhaften Frieden in der Welt. Dieser Wohlstand lässt sich durch Globalisierung erreichen, da - wie im vorherigen Kapitel beschrieben - Globalisierung Wohlstand schafft.

4. Wohlstand entzieht Terrorismus den Nährboden

Terrorismus ist ebenso wie Kriegsgeschehen eine Folge von Unzufriedenheit. In einigen islamischen Staaten sind die Bürger mit ihrer wirtschaftlichen Situation unzufrieden. Darunter leidet auch ihr Selbstbewusstsein. Diese Unzufriedenheit ist häufig die Ursache für terroristische Aktivitäten.

Anstatt Terroristen noch härter zu bestrafen, könnten die Industriestaaten also besser die Armut in weniger wohlhabenden islamischen Ländern bekämpfen.

Nun stellt sich die Frage, warum einige islamische Länder weniger gut entwickelt sind als andere bzw. die Industriestaaten. Die ölreichen Golfstaaten haben es zu viel Reichtum geschafft. Sie fallen nicht in diese Kategorie. Sehr vorbildlich ist auch die Türkei. Die Türkei erlebt seit einigen Jahren einen ungeheuren Wirtschaftsaufschwung. Dieser wird langfristig dazu führen, dass die Türkei mit ihrer Wirtschaftskraft auf das Niveau der EU aufschließen kann.

Das Geheimnis für diesen Erfolg ist die durch Atatürk eingeführte Trennung von Staat und Religion. In islamischen Gottesstaaten ist es dagegen aus religiösen Gründen verboten, Geld gegen Zinsen zu verleihen. Das hat zur Folge, dass wenn ein Bürger solcher Staaten eine Geschäftsidee hat, er diese nicht umsetzen kann, weil er kein Kapital bekommt (er bekommt keinen Kredit). Deswegen leidet die gesamtwirtschaftliche Dynamik dieser Staaten und es werden zu wenig neue Arbeitsplätze geschaffen, was Unzufriedenheit schürt. Dies ist vergleichbar mit der Situation in Europa im Mittelalter, als die katholische Kirche allen Christen verbot, Geld gegen Zinsen zu verleihen. Außerdem ließ die katholische Kirche damals Erfinder als Ketzer hinrichten, was jeden Fortschritt verhinderte. Erfindungen kamen zu jener Zeit eher aus der islamischen Welt. Die Folge war eine lange Periode der Stagnation in Europa, welche erst mit der Reformation durch Martin Luther 1517 ihr Ende fand.

Ein Ausweg könnte sein, allen Bürgern dieser Staaten Zugang zu Yunus-Mikrokrediten zu gewähren. Hierbei handelt es sich um Kleinstkredite für Investitionen. Damit könnte jeder kleine Geschäftsmann seine Ideen umsetzen, wodurch sich die gesamtwirtschaftliche Situation der geförderten Staaten deutlich verbessern würde. Sie würden einen ähnlichen Wirtschaftsaufschwung erleben wie gegenwärtig die Türkei. Die Mikrokredite könnte die Weltbank gewähren (vielleicht über eine darauf spezialisierte Tochter der Weltbank).

Wenn es gelingt, dass überall in der Welt jeder Geschäftsmann seine Geschäftsideen umsetzen kann, hat Terrorismus bald weniger Nährboden.

5. Globalisierung sichert die Demokratie

Der Wohlstand, den Globalisierung mit sich bringt, stützt die Demokratie, weil die Bürger eines wohlhabenden Landes nicht so leicht auf die Versprechungen eines Diktators hereinfallen.

Die russische Revolution, welche die Sowjets in Russland an die Macht brachte, war zum Beispiel nur möglich, weil 1917 in Folge des ersten Weltkrieges in Russland Hunger und Armut herrschten. Als Folge davon hatten die Russen unter Stalin mit Unterdrückung und

Repressionen zu kämpfen. Diese Situation war noch schlimmer als die Herrschaft des Zaren, die der russischen Revolution voraus gegangen war.

Auch das NS-Regime in Deutschland kam 1933 nur deshalb an die Macht, weil Deutschland die Folgen der Weltwirtschaftskrise seit 1929 nicht verkraftet hatte. Die sehr hohe Arbeitslosigkeit, Hunger und weit verbreitete Armut brachten 1933 Hitler an die Macht. Wäre Deutschland Anfang der 1930er Jahre vergleichbar wohlhabend gewesen wie heute, hätte es kein NS-Regime sowie keinen zweiten Weltkrieg gegeben. Hitler wäre heute unbekannt und die deutsche Regierung würde noch in Weimar residieren. Ebenso die DDR, die in Folge des zweiten Weltkrieges entstand, hätte es niemals gegeben.

Auch die kubanische Revolution, die 1959 Fidel Castro auf Kuba an die Macht brachte, entstand, weil weite Teile der Bevölkerung arm waren und nicht am Wohlstand der Oberschicht teilnehmen konnten.

Natürlich ist Fidel Castro in keiner Weise mit der Schreckensherrschaft von Hitler oder Stalin zu vergleichen, doch genießen die Bürger Kubas heute (unter Raul Castro) nicht die Vorzüge einer Demokratie.

Wohlstand und Demokratie erhalten sich gegenseitig. Beides wird durch die Globalisierung gefördert.

6. Expansion der EU außerhalb Europas

Die Europäische Union ist Garant für Demokratie, Frieden, Wohlstand und die Einhaltung von Menschenrechten auf ihrem Hoheitsgebiet. Je größer die EU ist, desto mehr Menschen werden von diesen Vorteilen profitieren. Daher ist es sinnvoll, die EU zusätzlich zu erweitern. Der Beitritt der Balkanstaaten ist schon in Planung. Diskutiert wird auch über einen Beitritt Islands. Die EU würde auch gerne die Schweiz und Norwegen aufnehmen, aber diese Staaten wollen leider nicht in die EU. Andere europäische Staaten, wie

Bosnien-Herzegowina, Serbien, Montenegro, Mazedonien, Moldawien, die Ukraine, Weißrussland und Albanien sind im Moment noch nicht reif für den Beitritt, weil sie die Beitrittskriterien der EU nicht erfüllen. Sie werden erst nach weiteren politischen Reformen und/oder wirtschaftlichem Fortschritt in die EU aufgenommen werden können.

Welche Staaten kann die EU heute sonst umgehend aufnehmen? In der EU könnte ein Umdenken stattfinden. Die EU könnte auch Staaten außerhalb Europas aufnehmen, wenn sie die Beitrittskriterien der EU erfüllen. Beispielsweise könnten Australien und Neuseeland sofort aufgenommen werden. Beide Länder sind europäisch geprägt, demokratisch und vermögend. Sie haben ein mit der EU vergleichbares Rechtssystem. Von einem Beitritt könnten Australien, Neuseeland und die EU gegenseitig profitieren. Australien und Neuseeland hätten als EU-Mitglieder große sicherheitspolitische Vorteile, da sie von da an unter dem Schutz der EU stehen würden. Da beide Länder dünn besiedelt und wohlhabend sind, ist dies ein wichtiger Vorteil. Die EU könnte vom Rohstoffreichtum Australiens und den landwirtschaftlichen Gütern beider Länder profitieren (landwirtschaftliche Güter werden immer knapper und kostbarer). Sowohl die EU als auch Australien und Neuseeland würden vom gegenseitigen Freihandel profitieren. Die Länder Ozeaniens könnten später in die EU folgen.

Auch Japan und Südkorea könnten sofort in die EU aufgenommen werden. Sie sind moderne, begüterte Industriestaaten mit ähnlichen Grundwerten wie die Staaten der EU. Beide Staaten sind sehr gefestigte Demokratien. Auch Japan, Südkorea sowie die EU würden durch wechselseitigen Freihandel Vorteile erzielen. Von Japan und Südkorea aus könnte die EU über Asien hinweg erweitert werden. Dies wäre ein bahnbrechender Schritt, da Asien im 21. Jahrhundert zum bedeutendsten Kontinent der Welt aufsteigen wird.

In Südamerika könnte Chile in naher Zukunft in die EU aufgenommen werden. Chile gilt als die Schweiz Südamerikas. Chile erzielt ein höheres Bruttosozialprodukt pro Kopf als die EU-Mitglieder Rumänien und Bulgarien. Chile ist eine Demokratie, die die Aufnahmekriterien der EU erfüllen könnte. Im Moment gehört Chile keiner Freihandelsorganisation an. Chile könnte der Ausgangspunkt für die Erweiterung der EU auf die Länder Südamerikas sein.

Ein großer Beitrag zum weltweiten Frieden, könnte die Aufnahme von Israel und Palästina (Westjordanland und Gaza-Streifen) in die EU sein. Die Palästinenser wären nicht mehr in ihren Territorien eingesperrt und könnten ihre Heiligtümer im Heiligen Land besuchen. Vermutlich würden viele von ihnen in die europäischen Gebiete der EU emigrieren, um besser bezahlte Arbeit anzunehmen. Der Grund für den Konflikt mit Israel würde dadurch entfallen. Sicherlich würden auch viele Israelis Arbeit auf dem europäischen Kontinent annehmen. Auf der anderen Seite würden sich manche Christen aus der EU im Heiligen Land ansiedeln. Christen, Muslime und Juden würden bald wieder gemeinsam in Frieden im Heiligen Land leben, wie es bis zur Gründung Israels 1948 der Fall war. Das Hauptmotiv für den Terrorismus der al-Qaida würde entfallen. Ein großartiger Schritt zur weltweiten Erhaltung des Friedens wäre getan.

7. Die EU wird zur WU (World Union)

Durch die Erweiterung der EU auf andere Kontinente, wird der Name „Europäische Union" irgendwann nicht mehr zeitgemäß sein. Die EU sollte sich in WU (World Union) umbenennen. Die EU könnte sich mit der NAFTA (Nordamerikanische Freihandelszone) zusammenschließen. Nach einer solchen Fusion, die zur Aufnahme der U.S.A., Kanadas und Mexikos führen würde, wäre eine Umbenennung in WU unbedingt notwendig. Kanada erfüllt ebenfalls die Aufnahmekriterien der EU, wodurch eine Fusion problemlos möglich werden könnte.

Nach und nach könnten aus allen Kontinenten alle Staaten der Welt in die World Union aufgenommen werden. Den weitesten Weg zu einer Aufnahme in der WU haben hierbei die Staaten Afrikas vor sich. Sie benötigen Unterstützung, um ebenfalls in den Kreis der WU aufgenommen zu werden. Am schnellsten könnten es Südafrika, Namibia, Mauritius und die Seychellen schaffen. Der Aufschwung, der im Moment Asien und Südamerika erfasst, wird auch Afrika erreichen. Wenn dazu politische Reformen umgesetzt werden, könnten alle Staaten Afrikas Mitglied in der WU werden. Die WU könnte so über alle Kontinente auf alle Staaten der Welt erweitert werden.

8. Der Euro wird zum WUC

Die Bezeichnung „Euro" für das Geld in der EU wäre nach der Umfirmierung in die WU ebenfalls nicht mehr zeitgemäß. Daher braucht der Euro in der WU einen neuen Namen. Das globale Zahlungsmittel könnte WUC (World Union Currency) heißen. Die Länder der WU sollten alle früher oder später der Währungsunion beitreten, wenn sie die Konvergenzkriterien für den WUC erfüllen. 2014 trat Lettland der Währungsunion bei. Schweden und Dänemark könnten ebenfalls sofort die gemeinsame Währung einführen.

Sie stoßen leider auf innenpolitischen Widerstand. Polen, Tschechien, die Slowakei, Ungarn, Lettland, Litauen, Bulgarien und Rumänien werden folgen, sobald sie die Konvergenzkriterien erfüllen.

Kanada, Südkorea, Australien und Neuseeland würden sofort die Konvergenzkriterien für den WUC erfüllen. Sie könnten direkt der Währungsunion beitreten. Andere Länder auf der ganzen Welt können später folgen.

Eine globale Währung bringt viele Vereinfachungen in weltweiten Zahlungsverkehr. Sie sorgt für Transparenz und vermeidet Währungsrisiken.

9. Weltweiter Arbeitsmarkt

In der WU könnte der Arbeitsmarkt global werden. Jeder Arbeitnehmer hätte die Möglichkeit, am Standort seiner Wahl zu arbeiten. In den Unternehmen könnten Menschen aus allen Kontinenten an einem Standort zusammen arbeiten. Die Arbeitnehmer könnten dort arbeiten, wo ihre Arbeitskraft gebraucht wird und ihre Arbeit am besten vergütet wird. Durch die Freiheit bei der Wahl des Arbeitsortes werden die Unterschiede beim Lohnniveau verschiedener Länder geringer.

Folge:

⇨ Das Lohnniveau gleicht sich international an.

Dies sorgt für sozialen Ausgleich und weltweiten Wohlstand. Der weltweite Wohlstand durch den globalisierten Arbeitsmarkt sichert wiederum die weltweite Demokratie, was wiederum zur Sicherung des weltweiten Friedens beiträgt.

10. Globaler Umwelt- und Klimaschutz

Zur Erhaltung der Umwelt und zum Klimaschutz kann die WU viel wirkungsvoller die passenden Maßnahmen einleiten, als es einzelne Staaten können. Für den Umweltschutz ist es wichtig, dass alle Staaten gemeinsam an einem Strang ziehen. Dies kann die WU am besten erreichen. Die WU kann den weltweiten Energieverbrauch durch weltweite Energiesparnormen für elektronische Geräte senken. Beispielsweise sollten weltweit Glühbirnen verboten werden, wie es in der EU bereits der Fall ist. Sie können durch Energiesparlampen ersetzt werden. Durch weltweit koordinierte Förderung von alternativen Energien und Reduktion von Emissionen kann die WU zum Klimaschutz beitragen. Für Kerosin könnten weltweit gleich hohe Klimasteuern erhoben werden. Daneben sollte weltweit für jeden Start am Flughafen eine Startgebühr zum Klimaschutz erhoben werden, um Kurzstreckenflüge unattraktiver zu machen (dies plant die christlich-liberale Regierung in Deutschland inzwischen). Dadurch würden viele Kurzstreckenreisende auf Bus & Bahn umsteigen. Mit Hilfe dieser Klimaschutzabgaben sollte der Preis für einen Interkontinentalflug auf über 5000 € steigen. Dadurch würden viel weniger Menschen zum Vergnügen fliegen. Das Weltklima könnte so massiv entlastet werden. Die eingenommenen Klimasteuern könnten zur Erhaltung von Wäldern (insbesondere den Regenwäldern) und zur Wiederaufforstung eingesetzt werden. Dadurch ließe sich ein weiterer positiver Effekt für das Weltklima erreichen.

Wichtig wären auch weltweite Grenzwerte für den globalen Umweltschutz. Auch beim Artenschutz und beim Kampf gegen die Abholzung von Regenwäldern kann die WU durch weltweit abgestimmte Maßnahmen viel mehr erreichen, als es durch einzelne Staaten möglich ist.

11. Der Transrapid als globales Verkehrsmittel

Die WU sollte den Transrapid als klima- und umweltfreundliche Alternative zum Flugzeug fördern. Der Transrapid ist leise, schnell, energieeffizient und produziert kaum Emissionen. Nur zu „Fuß gehen" und „Rad fahren" sind noch umweltfreundlichere Arten der Fortbewegung als der Transrapid. Es sollten weltweite Transrapidtrassen gebaut werden. So könnten Touristen und Geschäftsleute vom Flugzeug auf den Transrapid ausweichen.

Mit Hilfe von Transrapidtrassen von Deutschland nach Italien oder Spanien, könnten beispielsweise deutsche Touristen innerhalb weniger Stunden von ihrem Wohnort an das Mittelmeer gelangen. Der Transrapid ist daher in der WU das Verkehrsmittel der Zukunft.

12. Herausforderungen für die europäische Einigung durch die Finanzkrise

Leider bedroht die weltweite Finanzkrise die europäische Einigung (und damit auch die weltweite Einigung). Als Folge der aus der Finanzkrise resultierenden Wirtschaftskrise erhalten in manchen Ländern extremistische Parteien einen großen Zulauf (z.B. in Ungarn). Ziel dieser Parteien ist es, die europäische Einigung zu stoppen oder rückgängig zu machen. In einigen Mitgliedsstaaten wird über ein Austritt aus der Euro-Zone diskutiert. Auch in Deutschland besteht aufgrund der

Euro-Rettungspakete das Risiko, dass EU-feindliche Parteien gegen die EU Stimmung machen. Solche Parteien gehen mit Forderungen nach der Wiedereinführung der D-Mark und dem Austritt aus der EU auf Stimmenfang gehen. Eine solche Entwicklung könnte katastrophale Folgen für den internationalen Einigungsprozess haben. Verhindern lässt sich das nur durch gute Wirtschaftspolitik der EU-Regierungen (was die Finanzkrise und deren Auswirkungen mildern könnte).

Die Lage in den Mittelmeerländern hat sich gebessert. Spanien hat den Euro-Rettungsschirm verlassen können. Portugal und Griechenland sind auf einem guten Weg.

Auch Irland hat es geschafft den Euro-Rettungsschirm zu verlassen.

13. Fazit: 1000 Jahre Frieden als Folge der Globalisierung

Globalisierung führt zu Demokratie und Wohlstand. Durch den Zusammenschluss aller Staaten der Welt zur World Union (WU) entfallen die Gründe für Krieg. Gelingt die Einigung aller Nationen, wird eine lange Periode des Friedens die Folge sein. 1000 Jahre Frieden durch Globalisierung sind möglich!